Género Ficción

Pregunta esencial
¿Cómo podemos proteger la Tierra?

UNA NOCHE SIN LUZ

Yolanda García
ilustrado por Michael Reid

CAPÍTULO 1

El Día de la Tierra

—¡El Día de la Tierra fue tan divertido hoy! —dijo Ben Ramos. Ben, su hermana Clara y su amigo José volvían de la escuela a casa.

—¡Estuvo superdivertido! ¿Qué hicieron ustedes en sus clases? —preguntó José.

—Un granjero vino a nuestra clase —contó Clara—. Trajo frutas y verduras cultivadas por él, que había recogido por la mañana. ¡No saben lo deliciosas que estaban! Se deshacían en la boca.

—¡Qué suerte! —dijo Ben—. Nosotros también nos divertimos. Nuestra clase fue de excursión al Parque Simmons y jugamos en un árbol de gran tamaño, con ramas que colgaban como formando una enorme carpa. Luego, anduvimos por un camino de piedras y cruzamos un arroyo. ¡Vimos peces que nadaban junto a nuestros pies! Después de almorzar, recogimos basura que había quedado desparramada. ¡Hicimos una competencia y fue una gran limpieza!

—Nosotros iremos de excursión mañana —dijo José—. Hoy en clase hicimos gráficas de barra que muestran cuánta electricidad consumen los artefactos de la casa. ¡No sabía que los refrigeradores consumían tanto!

—Me pregunto cuánta energía consumirán las computadoras —dijo Ben—. ¿Quieres venir a cenar esta noche? ¡Mi papá dijo que tiene una sorpresa especial por el Día de la Tierra!

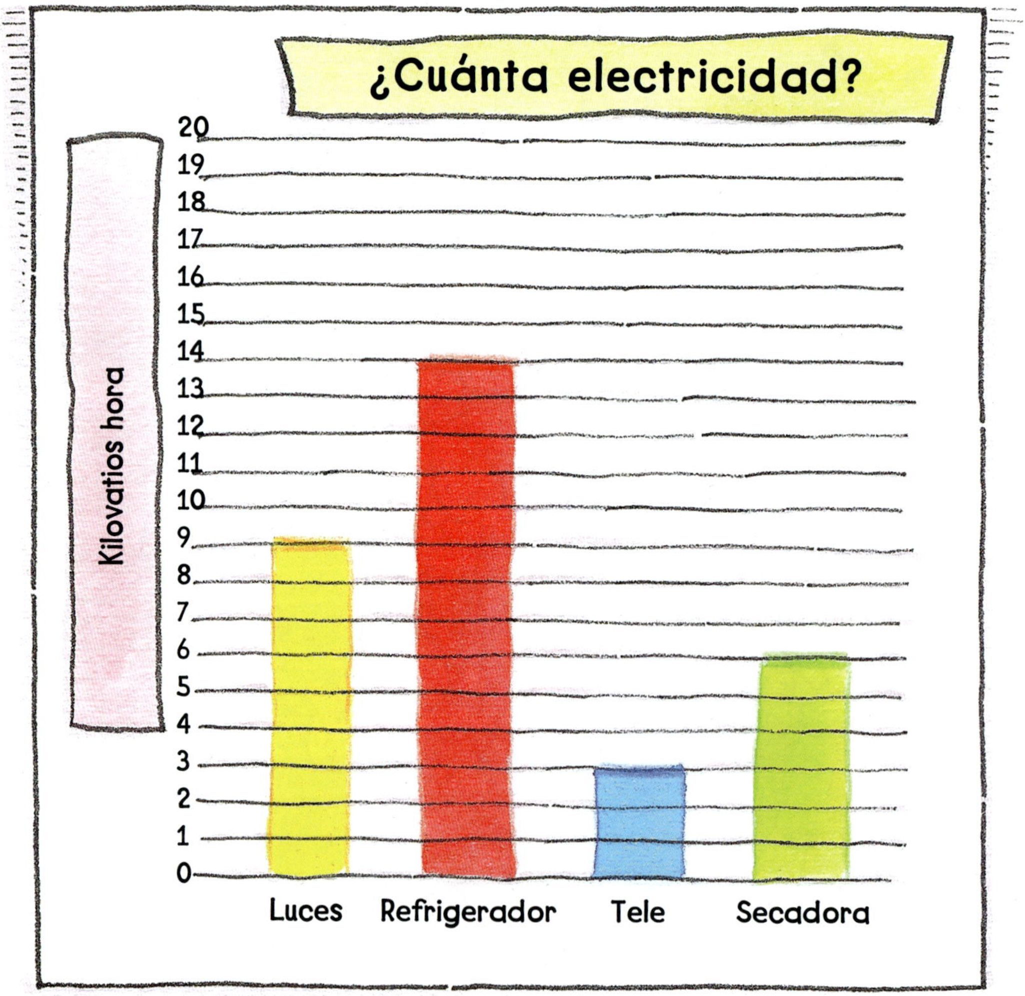

Durante la cena, el Sr. Ramos anunció:

—En honor al Día de la Tierra, su madre y yo tenemos un plan inusual para esta noche.

Clara, Ben y José los miraron muy curiosos.

—Apagaremos las luces y pasaremos toda la noche sin usar electricidad —dijo la Sra. Ramos.

—¿O sea que nos quedaremos sentados en la oscuridad? ¡Qué aburrido! —protestó Clara.

CAPÍTULO 2

Hora de desconectarse

—Será divertido, y estoy seguro de que se puede vivir una noche sin electricidad —dijo suavemente el Sr. Ramos.

—Nosotros tenemos algunas ideas fantásticas —agregó la Sra. Ramos—. No se preocupen, verán cómo nos divertiremos mientras hacemos nuestro aporte para salvar la Tierra.

Los tres niños no dijeron nada porque estaban boquiabiertos, pensando cómo escapar del plan de los mayores.

—Creo que no tenemos opción —susurró Clara. Ben y José suspiraron.

—¡Menos mal que todavía hay luz afuera! —dijo José mientras comenzaban un juego de mesa—. ¡Así no se pierden mis jugadas brillantes! —Todos rieron y luego rezongaron al darse cuenta de que José estaba ganando. Los niños casi ni notaron cuando la Sra. Ramos encendió velas para que pudieran ver el tablero. Finalmente, el juego terminó y Clara fue la ganadora inesperada.

—¡Aunque no hubiera ganado, pienso que fue divertido! —dijo Clara con orgullo—. Me gustaría que jugáramos más juegos en lugar de solo ver tele.

El sol ya se había escondido y estaba oscuro pero acogedor. La luz de la calle le daba a la habitación un brillo rosado.

—Sé a qué te refieres, Clara —dijo José—. Cuando voy de visita a la granja de mis abuelos, rara vez encendemos la tele. En cambio, mi abuela nos cuenta historias sobre cuando ella era una niña. Todo era muy diferente entonces.

—Qué bueno, José. Adoro escuchar viejas historias —dijo la Sra. Ramos—. Mi padre siempre nos contaba historias sobre sus campamentos. ¡El abuelo era un experto en vivir con pocos recursos de la Tierra!

—Recuerdo la visita a los abuelos —dijo Clara—. ¡Era demasiado lejos, pero valió la pena!

—La última vez que estuve en la granja de mis abuelos, ¡comí zanahorias recién sacadas de la tierra! —exclamó José—. Hasta ese momento, nunca se me había ocurrido pensar de dónde vienen los alimentos. ¡Creo que pensaba que las zanahorias crecían en bolsas en el supermercado!

Clara y Ben rieron, y hasta el señor y la señora Ramos sonrieron.

Detective del lenguaje	**Vuelve a escribir la frase subrayada en la página 8 usando el sujeto nosotros.**

—José, ¿puedes mostrarles a mis padres la gráfica que hicieron hoy? —preguntó Ben.

—¡Por supuesto! —contestó José, y sacó su gráfica y se la mostró al Sr. y la Sra. Ramos.

—¡Tengo una idea! —exclamó José—. Juguemos a la búsqueda del tesoro y escribamos una lista de los artefactos que usan electricidad. ¡Cuando vayamos a la biblioteca, podremos investigar cuánto consume cada uno!

Empezaron a anotar cada artefacto que usaba electricidad y todos opinaron que el refrigerador era, seguramente, el que más consumía.

—¡Ya sé qué podemos hacer sin consumir energía! ¿Alguien sabe algún chiste? —dijo Ben.

—Yo sí —dijo Clara. —¿Qué hace una rata de pie en la esquina? —Nadie respondió—. ¡Está esperando un rato! —se rio Clara.

—Eso estuvo bueno, Clara. Yo también tengo un chiste —dijo la mamá—. ¿Cuál es el animal que siempre llega último? —Una vez más, nadie supo qué responder y los niños la miraron intrigados—. ¡El delfín! —exclamó la mamá.

—Jajaja, ¡el del-fin! —gritaron los niños al entender el chiste. Todos se divirtieron mucho sin gastar electricidad.

—Bueno, yo no sé ustedes, ¡pero yo tengo hambre! Voy a buscar provisiones para todos —dijo el Sr. Ramos.

¿Qué comerían? No podían hacer palomitas en el microondas ni tostadas en la tostadora.

—¿Qué preparaste, papá? —preguntó Ben. El Sr. Ramos traía una bandeja con mantequilla de cacahuates, galletas y una frutera con uvas.

Detective del lenguaje	**Reescribe la frase subrayada usando usted como sujeto.**

CAPÍTULO 3

Una noche genial

—¡Música! —gritó Ben saltando del sillón mientras comían—. ¡Necesitamos música! ¡Cantemos una canción! —Ben corrió y tomó su guitarra y Clara su flauta—. Puedes tocar la pandereta, José —dijo Ben.

El Sr. Ramos se sentó al piano y todos se acomodaron a su alrededor.

—Cantemos una canción de las conocidas, que todos sepamos de memoria —dijo la Sra. Ramos—. ¡Así no tendré que sostener una vela para que papá pueda leer la música!

—Bueno, se está haciendo tarde —dijo el Sr. Ramos una hora después.

—¡Nunca pensé que nos podríamos divertir tanto sin usar electricidad! —dijo Clara.

—Yo tampoco —respondió Ben—. Hay un montón de cosas que también podríamos hacer, como jugar a las cartas o armar un rompecabezas.

—Podemos hacer todas esas cosas siempre que queramos —dijo la mamá riéndose—. ¡No tiene que ser el Día de la Tierra para que nos desconectemos!

—Ya es hora de que acompañe a José a su casa —dijo el Sr. Ramos.

—¡Gracias por la diversión! —exclamó José.

—Quizás podamos planificar una noche sin electricidad por semana. ¿Qué piensan amigos? —preguntó la Sra. Ramos.

—¡Claro que sí! —exclamaron los niños.

—¡Tenemos un plan entonces! —sonrió el Sr. Ramos.

Respuesta a la lectura

Resumir

Usa detalles importantes como ayuda para resumir *Una noche sin luz.*

Problema
↓
Pasos para la solución
↓
Solución

Evidencia en el texto

1. ¿Cómo sabes que *Una noche sin luz* es de ficción? **GÉNERO**

2. ¿Cómo resuelven los personajes el problema de vivir sin electricidad? Menciona los pasos para la solución. **PROBLEMA Y SOLUCIÓN**

3. ¿Qué palabra en la página 15 suena igual a *caza* pero se escribe diferente y tiene otro significado? **HOMÓFONOS**

4. Escribe acerca de otro problema que Ben resuelve al final del cuento. Cuenta cuál es el problema y cómo lo resuelve. **ESCRIBIR SOBRE LA LECTURA**

Género Texto expositivo

Compara los textos
Lee sobre cómo puedes ahorrar electricidad.

Cómo ahorrar energía

¡Es muy fácil ahorrar electricidad! Da una vuelta por tu casa. ¿Estás usando más electricidad de la que necesitas? Revisa la sala y ve si hay alguna computadora, un televisor o una radio encendidos. Si no estás usando estos aparatos, apágalos. ¿Hay lámparas encendidas? Si no las estás usando, o si hay luz natural, asegúrate de que las lámparas también estén apagadas.

Luego, ve a la habitación y fíjate si hay artefactos encendidos que deberían estar apagados. Pon la mano cerca de las ventanas. ¿Sientes que entra aire? Asegúrate de que las ventanas estén bien cerradas para preservar el calor o el frío, ya que si el aire se filtra hacia adentro o hacia afuera, puede que desperdicies electricidad al calentar o enfriar tu casa.

Si sostienes una hoja de papel frente a tu ventana y el papel se agita, eso significa que se filtra el aire de afuera.

CONSEJOS PARA AHORRAR ENERGÍA	
	Apaga las luces cuando salgas de una habitación.
	Apaga los aparatos electrónicos que no estén en uso.
	Mantén puertas y ventanas bien cerradas cuando la calefacción o el aire acondicionado estén encendidos.
	Apaga la secadora tan pronto como la ropa se haya secado.

La última parada es la cocina. No es bueno tener la puerta del refrigerador abierta mucho tiempo, así que trata de decidir qué necesitas antes de abrirla. Pide a tus padres que verifiquen si la puerta del refrigerador cierra herméticamente, ya que esto también ayuda a ahorrar electricidad.

Haz conexiones

¿De qué manera estar un tiempo "desconectado" ayuda a proteger la Tierra? **PREGUNTA ESENCIAL**

¿De qué otra manera se puede proteger la Tierra? **EL TEXTO Y OTROS TEXTOS**

Enfoque:

Ciencias

Propósito Hallar maneras de proteger el medio ambiente

Paso a paso

Paso 1 Con un compañero o una compañera, piensa de qué maneras se podría proteger el medio ambiente y ahorrar energía y recursos naturales.

Paso 2 Haz una lista de cosas que podrías hacer.

Paso 3 Usando tu lista, haz un plan para ahorrar energía y otros recursos en tu casa y en la escuela. Escribe tu plan y compártelo con tu compañero o compañera. Luego, crea un cartel donde presentes al menos dos de tus ideas.

Conclusión Lleva la lista y el cartel a tu casa y compártelos con tu familia.